DAS BUCH GEHÖRT ZU:

TESTSEITE
TESTEN SIE DIE FARBEN AUF UNSEREM PAPIER

DAS IST EINE LEERE SEITE
SIE KÖNNEN MIT FILZSTIFTEN FÄRBEN

DAS IST EINE LEERE SEITE
SIE KÖNNEN MIT FILZSTIFTEN FÄRBEN

DAS IST EINE LEERE SEITE
SIE KÖNNEN MIT FILZSTIFTEN FÄRBEN

DAS IST EINE LEERE SEITE
SIE KÖNNEN MIT FILZSTIFTEN FÄRBEN
DAS IST EINE LEERE SEITE
SIE KÖNNEN MIT FILZSTIFTEN FÄRBEN

DAS IST EINE LEERE SEITE
SIE KÖNNEN MIT FILZSTIFTEN FÄRBEN

DAS IST EINE LEERE SEITE
SIE KÖNNEN MIT FILZSTIFTEN FÄRBEN

DAS IST EINE LEERE SEITE
SIE KÖNNEN MIT FILZSTIFTEN FÄRBEN

DAS IST EINE LEERE SEITE
SIE KÖNNEN MIT FILZSTIFTEN FÄRBEN

DAS IST EINE LEERE SEITE
SIE KÖNNEN MIT FILZSTIFTEN FÄRBEN

DAS IST EINE LEERE SEITE
SIE KÖNNEN MIT FILZSTIFTEN FÄRBEN

DAS IST EINE LEERE SEITE
SIE KÖNNEN MIT FILZSTIFTEN FÄRBEN

DAS IST EINE LEERE SEITE
SIE KÖNNEN MIT FILZSTIFTEN FÄRBEN

DAS IST EINE LEERE SEITE
SIE KÖNNEN MIT FILZSTIFTEN FÄRBEN

DAS IST EINE LEERE SEITE
SIE KÖNNEN MIT FILZSTIFTEN FÄRBEN

DAS IST EINE LEERE SEITE
SIE KÖNNEN MIT FILZSTIFTEN FÄRBEN

DAS IST EINE LEERE SEITE
SIE KÖNNEN MIT FILZSTIFTEN FÄRBEN

DAS IST EINE LEERE SEITE
SIE KÖNNEN MIT FILZSTIFTEN FÄRBEN

DAS IST EINE LEERE SEITE
SIE KÖNNEN MIT FILZSTIFTEN FÄRBEN

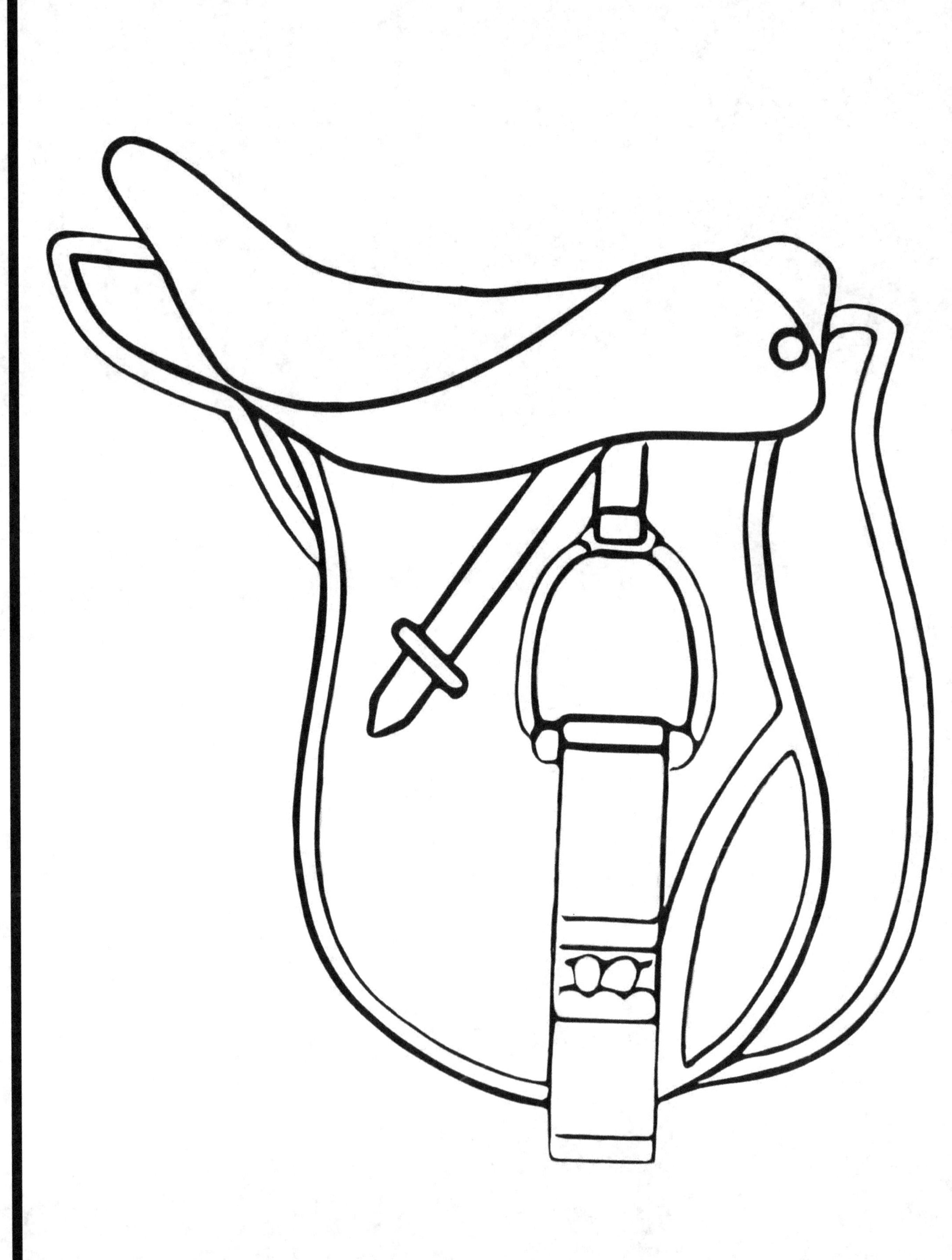

DAS IST EINE LEERE SEITE
SIE KÖNNEN MIT FILZSTIFTEN FÄRBEN

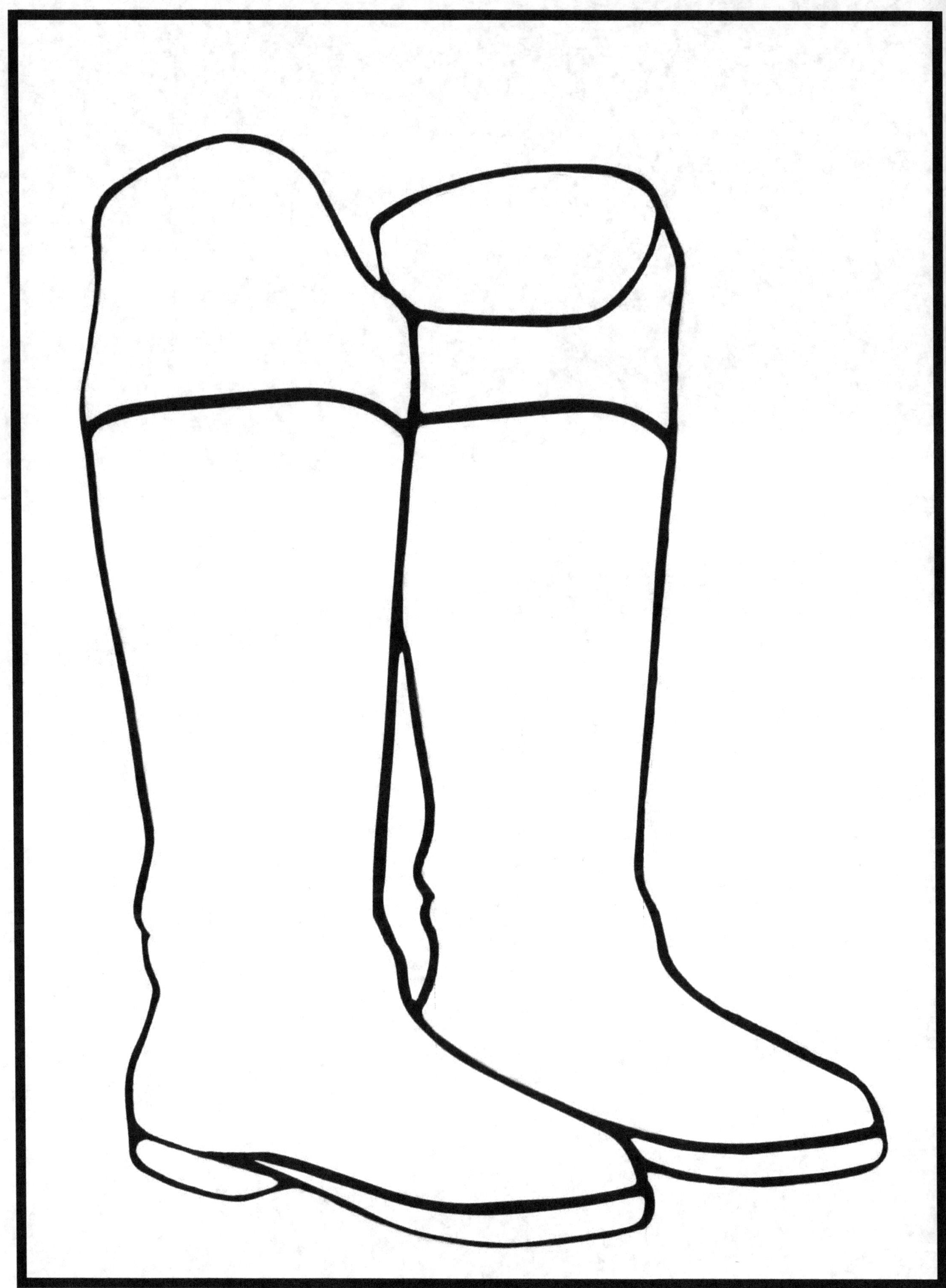

DAS IST EINE LEERE SEITE
SIE KÖNNEN MIT FILZSTIFTEN FÄRBEN

DAS IST EINE LEERE SEITE
SIE KÖNNEN MIT FILZSTIFTEN FÄRBEN

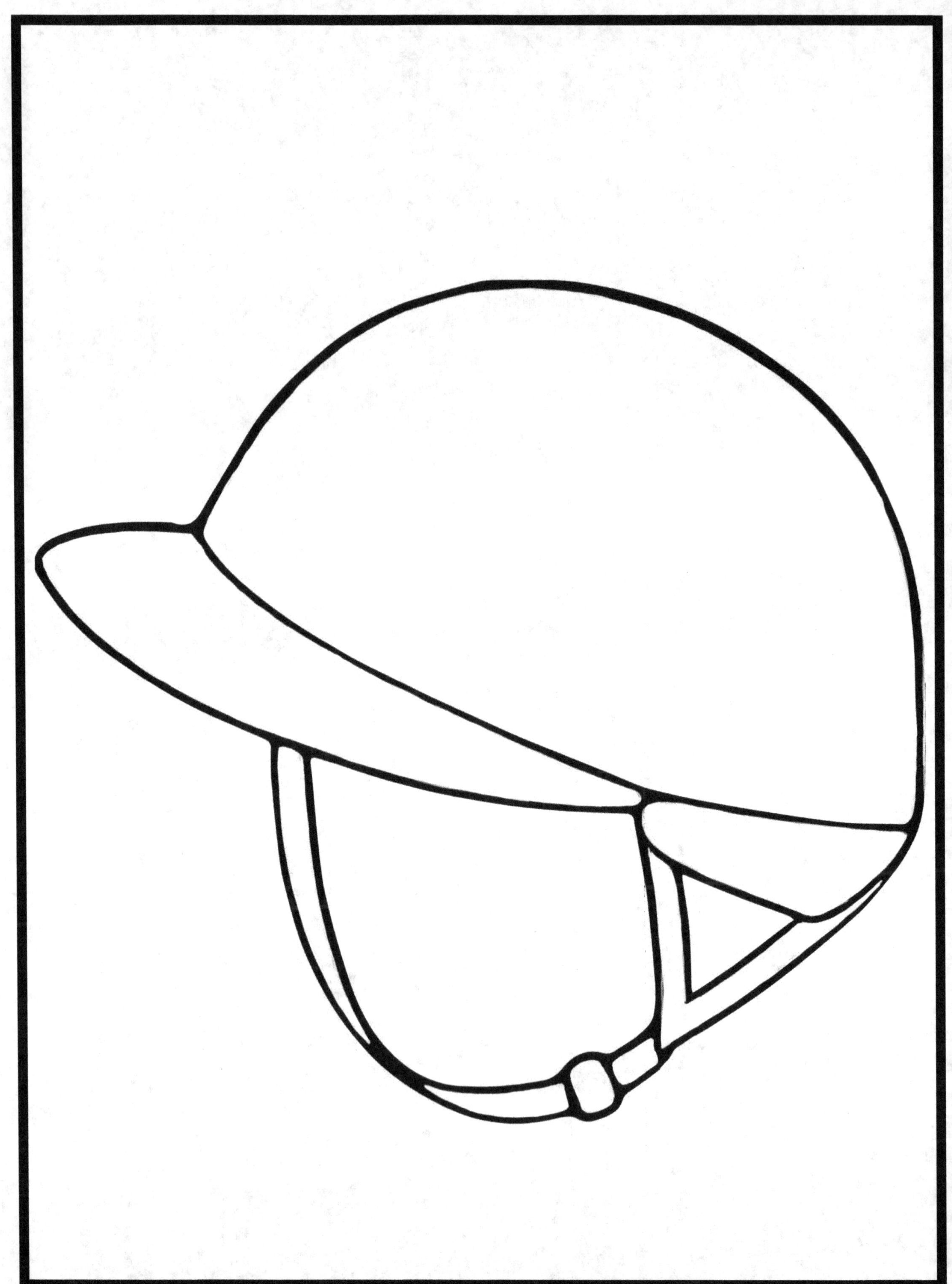

DAS IST EINE LEERE SEITE
SIE KÖNNEN MIT FILZSTIFTEN FÄRBEN

DAS IST EINE LEERE SEITE
SIE KÖNNEN MIT FILZSTIFTEN FÄRBEN

DAS IST EINE LEERE SEITE
SIE KÖNNEN MIT FILZSTIFTEN FÄRBEN

DAS IST EINE LEERE SEITE
SIE KÖNNEN MIT FILZSTIFTEN FÄRBEN

DAS IST EINE LEERE SEITE
SIE KÖNNEN MIT FILZSTIFTEN FÄRBEN

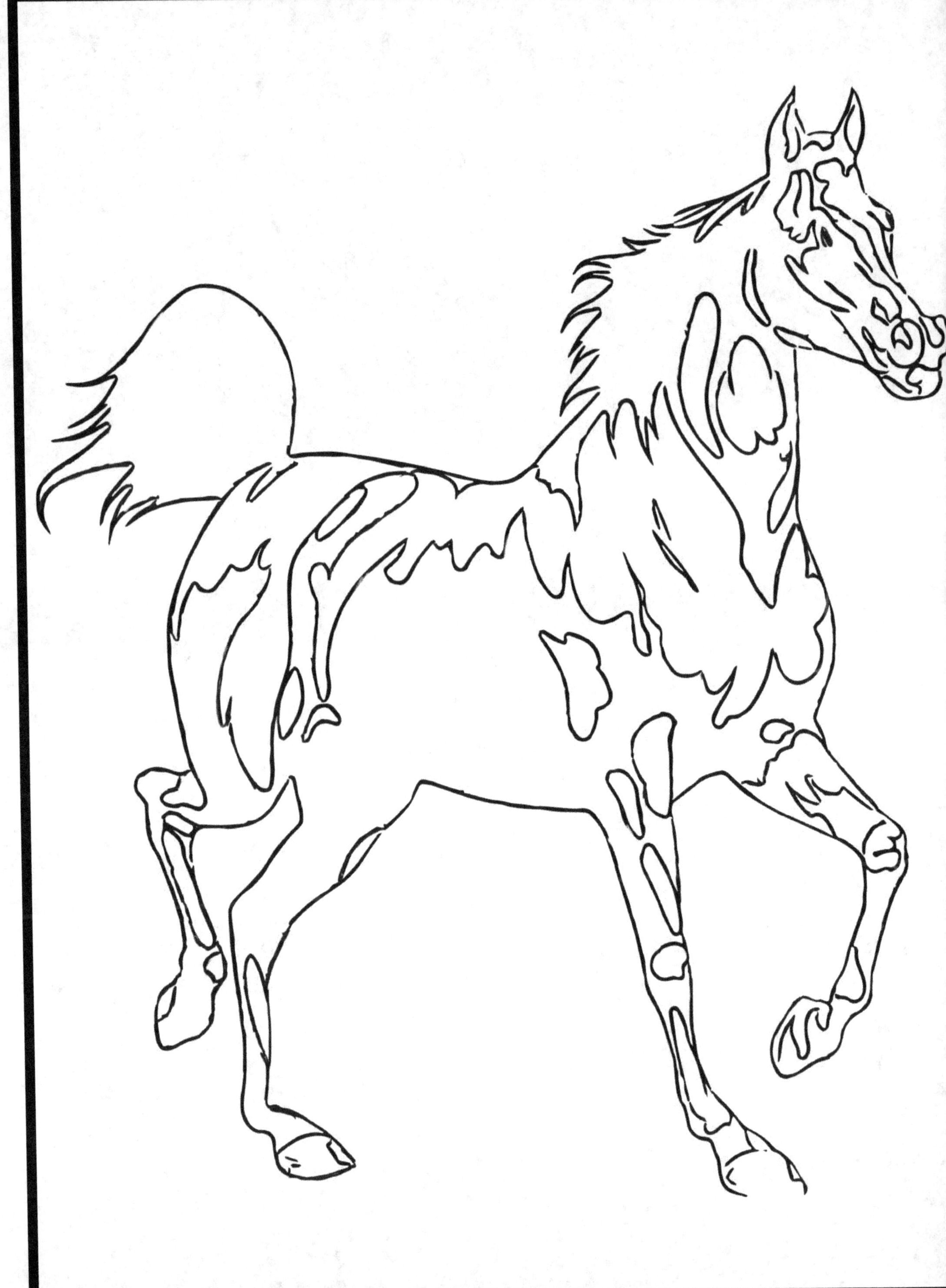

DAS IST EINE LEERE SEITE
SIE KÖNNEN MIT FILZSTIFTEN FÄRBEN

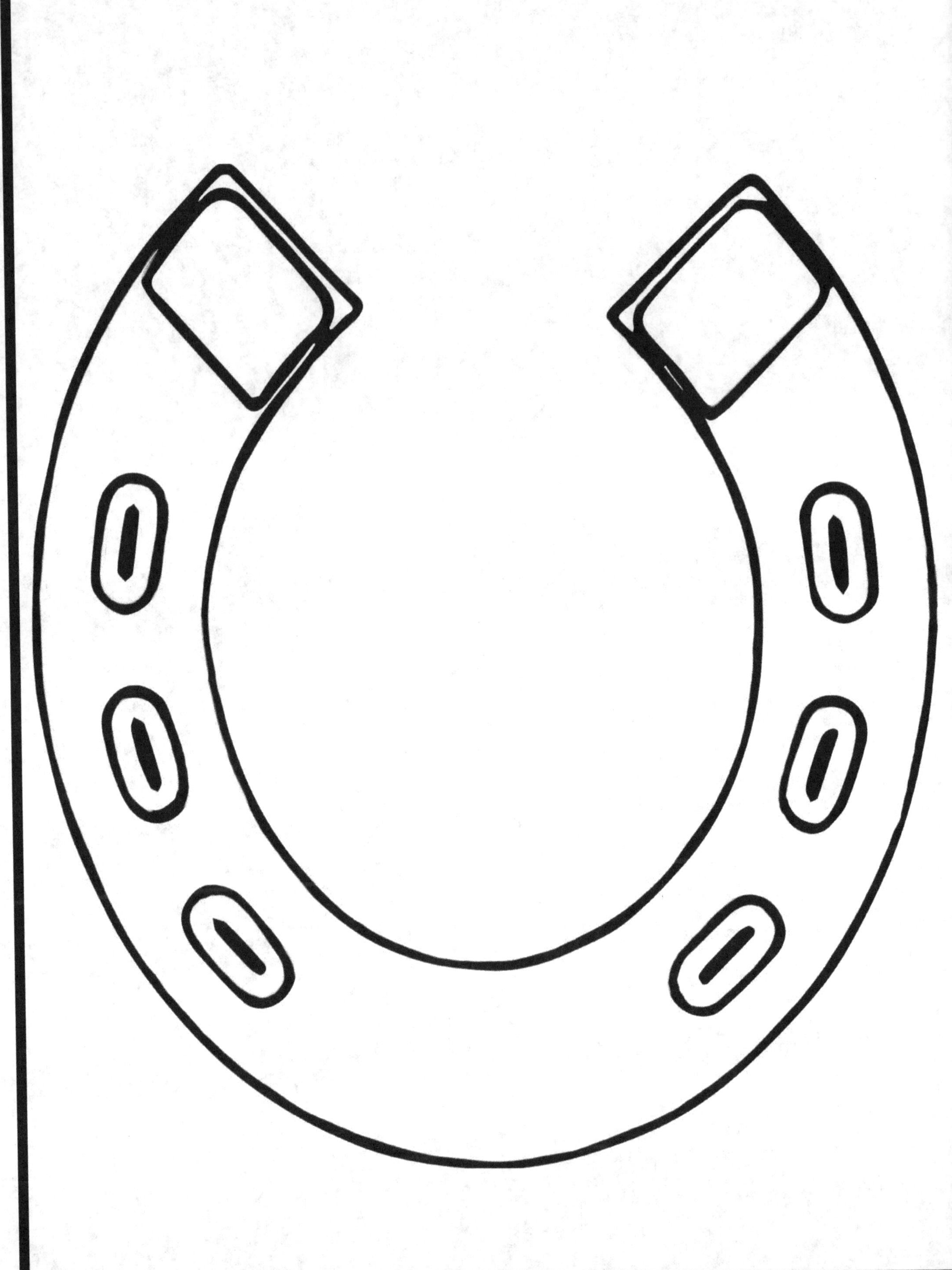

DAS IST EINE LEERE SEITE
SIE KÖNNEN MIT FILZSTIFTEN FÄRBEN

DAS IST EINE LEERE SEITE
SIE KÖNNEN MIT FILZSTIFTEN FÄRBEN

DAS IST EINE LEERE SEITE
SIE KÖNNEN MIT FILZSTIFTEN FÄRBEN

DAS IST EINE LEERE SEITE
SIE KÖNNEN MIT FILZSTIFTEN FÄRBEN

DAS IST EINE LEERE SEITE
SIE KÖNNEN MIT FILZSTIFTEN FÄRBEN

DAS IST EINE LEERE SEITE
SIE KÖNNEN MIT FILZSTIFTEN FÄRBEN

DAS IST EINE LEERE SEITE
SIE KÖNNEN MIT FILZSTIFTEN FÄRBEN

DAS IST EINE LEERE SEITE
SIE KÖNNEN MIT FILZSTIFTEN FÄRBEN

DAS IST EINE LEERE SEITE
SIE KÖNNEN MIT FILZSTIFTEN FÄRBEN

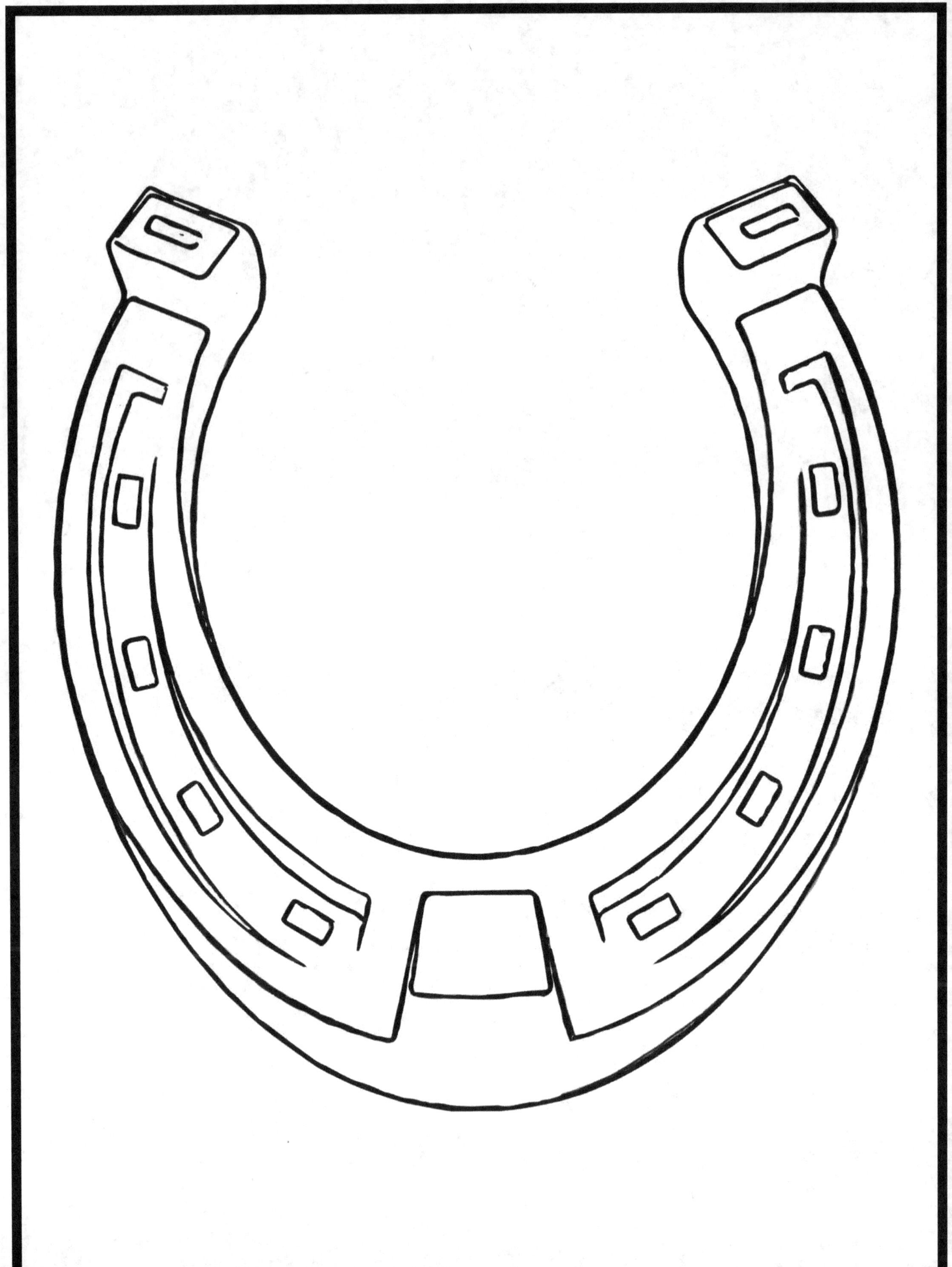

DAS IST EINE LEERE SEITE
SIE KÖNNEN MIT FILZSTIFTEN FÄRBEN